МЕТОД "ШЕСТЬ СИГМ

Повышение качества и последовательности вашего бизнеса

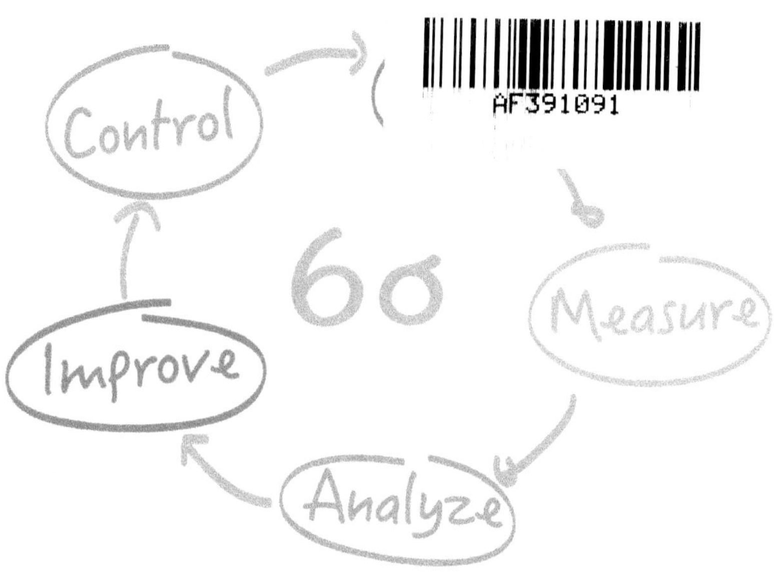

МЕТОД "ШЕСТЬ СИГМ

Повышение качества и последовательности вашего бизнеса

написанный Anis Ben Alaya
в переводе Nastia Abramov

50MINUTES.com

МЕТОД "ШЕСТЬ СИГМ

КЛЮЧЕВАЯ ИНФОРМАЦИЯ

* **Имена:** Шесть сигм, 6 Sigma, 6 σ

* **Использует:** качественный, количественный и структурированный подход к управлению бизнесом.

* **Почему она успешна?** Это точный подход к совершенствованию ключевых бизнес-процессов для обеспечения надежности более 99,99%. Цель заключается в достижении среднего показателя 3,4 дефекта на один миллион дефектных возможностей (где 3,8 сигма, например, соответствует 10 000 дефектов на миллион).

* **Ключевые слова:**

  ○ <u>Клиенты</u>: все агенты, заинтересованные в продукте или услуге

  ○ <u>Дефект</u>: несовершенство продукции

  ○ <u>DMAIC:</u> управленческий метод, целью которого является улучшение продукта или услуги

  ○ <u>Стандартное отклонение</u>: вариация или дисперсия переменной относительно порогового значения (среднего)

  ○ <u>Управление проектом</u>: подход, используемый в компании для организации проекта на различных этапах

- Информация: данные, используемые для создания полного представления о конкретной ситуации, не упуская деталей

- Стратегическая цель: направленный баланс, предполагающий действия, которые ведут к получению выгоды от благоприятного положения на рынке

- Статистический инструмент: метод анализа базы данных, основанный на численном подходе

- Производительность: численный результат

- Процесс: различные этапы производства

- Качество: определяющие характеристики продукта

- Сигма (σ): Греческая буква, обозначающая стандартное отклонение в статистике.

ВВЕДЕНИЕ

Столкнувшись с предложением продукта, который недостаточно или совсем не удовлетворяет клиентов или бизнес, последний может решить пересмотреть свой рабочий процесс (производство и т.д.) с целью конкретного улучшения его качества. Метод "Шесть сигм" позволяет откалибровать новые цели и снизить вероятность вариаций в рамках процесса после проведения детального анализа с целью выявления дефектов, которые изменяют удовлетворенность не только клиентов и сотрудников, но и компании.

История

В середине 1980-х годов американская компания Motorola столкнулась со значительным давлением со стороны азиатских производителей, особенно японских, поскольку ее производственная система, принципиально отличающаяся от азиатских систем, уже не казалась подходящей для реалий рынка. На протяжении 1970-х годов японские заводы были больше ориентированы на долговечность и надежность и поэтому предлагали более простые модели, чем модели американских заводов, которые уделяли больше внимания элементам качества (дизайн модели, опции и т.д.). Затем американские заводы обратились к инспекциям для контроля продукции (ненадежный и дорогой метод).

Столкнувшись со снижением прибыли, руководители компании Motorola решили изменить свою философию и объединить статистические инструменты с принципами лидерства, чтобы сформировать основу комплексной системы управления: Шесть сигм. Результаты были видны сразу же, поскольку качество продукции мгновенно улучшилось. Процесс начал распространяться в 1990-х годах и был принят компанией General Electric, которая быстро ощутила преимущества этого метода управления.

Сегодня большинство крупных компаний выбрали эту систему: Caterpillar, Kodak, SFR и др. Система "Шесть сигм" стала стандартом качества с точки зрения деловой практики и преподается во многих бизнес-школах по всему миру.

Вот несколько примеров преимуществ "Шестой сигмы":

В период с 1986 по 1990 год компания Motorola капитализировала 2,2 миллиарда долларов;

Благодаря этому методу компания General Electric в 1995 году получила прибыль, колеблющуюся между 7 и 10 миллиардами долларов;

Bank of America сэкономил сотни миллионов долларов, вдвое сократил время работы и значительно снизил погрешность, спустя три года после внедрения метода в 2001 году.

Определение модели

Шесть сигм – это аналитический подход, основанный на статистически проверенных фактах, целью которого является улучшение функционирования компании (производства, управления и т.д. с меньшими затратами) и обеспечение качества (надежность 99,99%) продукции или услуг для клиентов. Этот метод получил свое название от специфического статистического инструмента: стандартного отклонения, обозначаемого греческой буквой σ. Фактически, Six Sigma использует анализ процессов для обеспечения продукта в "разрыве качества" (т.е. не более чем на 3 σ от среднего), ожидаемого клиентом и компанией. Это позволяет компании ограничить вариации и дефекты в процессе.

ТЕОРИЯ

Компании, использующие этот метод управления качеством для улучшения своей продукции, концентрируются на трех приоритетах: клиенты, сотрудники и процессы. Приоритет клиентов означает, что вы можете определить их, знать их ожидания и предвидеть, какую дополнительную ценность компания может им предоставить. Это кажется очевидным, однако многие компании склонны забывать, что прибыль приходит от удовлетворенности клиентов. Два других приоритета также должны быть в центре внимания компании, поскольку пренебрежение ими может косвенно вызвать недовольство клиентов – эти три области взаимосвязаны.

Шесть сигм" придерживается двух методологий. Их использование зависит от контекста, в котором компания хочет расширить свое производство: путем расширения или создания продукта.

DMAIC

При внедрении "Шестой сигмы" для улучшения результатов существующего продукта или услуги необходимо придерживаться следующего процесса, называемого "DMAIC":

* **Определить.** Определение клиентов, ожиданий, устава команды с конкретными мерами по организации этапа разработки проекта, общего процесса и финансовых результатов.

- **Измерять**. Измеряйте и собирайте данные (дефекты) процесса.

- **Анализировать**. Проанализируйте собранные данные и процесс, чтобы выявить проблемы, связанные с текущей ситуацией.

- **Улучшать**. Инновации позволяют выявить потенциальные решения, а затем применить их в небольших масштабах, чтобы проверить, насколько эффективно они улучшают производительность процесса.

- **Контроль**. Контроль, детализация и реализация плана для обеспечения улучшения в более широком масштабе.

DMADV

Методология DMAIC используется для улучшения существующего продукта или услуги. Другая методология используется в случае разработки и проектирования нового продукта или услуги: "DMADV" (Define, Measure, Analyse, Design and Verify).

Этап проектирования в DMADV включает в себя изготовление продукта или создание услуги. Команда обеспечивает соответствие продукта требованиям.

ЧТО ТАКОЕ "ШЕСТЬ СИГМ"?

На техническом уровне "Шесть сигм" основывается на теории изменчивости, которая означает, что все поддается статистическому измерению при сравнении с непрерывной шкалой (вес, рост, темп и т.д.), которая следует колоколообразной кривой. Эта кривая, называемая "гауссовой кривой", симметрична и отражает практически 100% измеряемых показателей. Ее можно разделить на несколько сегментов – стандартных отклонений, обозначенных греческой буквой σ (сигма), которые определяют изменчивость, в то время как ось, обозначенная буквой μ (мю), является средним значением, к которому приближается каждый процесс. Чем слабее эта вариативность, тем больше производство соответствует значениям, близким к целевым.

Применение "Шести сигм" предполагает измерение текущей производительности, и для этого необходимо определить сигму между реальным средним значением и средним значением μ, которое показывает совершенство продукта или услуги и, таким образом, косвенно показывает среднюю удовлетворенность клиентов. Рассматривая неудовлетворенность клиента как дефект, обозначаемый расстоянием от оптимального уровня удовлетворенности, "Шесть сигм" означает, что на один миллион возможностей будет приходиться только 3,4 дефекта. В этом контексте компания фокусируется на качестве, которое удовлетворяет клиента, чтобы достичь почти совершенства: вершина кривой μ. С точки зрения статистики, дисперсия не может быть отрицательной. Отрицательная и положительная сигма просто выражают расстояние между продуктом с максимальным средним качеством, удовлетворяющим потребителя.

Поэтому "Шесть сигм" (через правильное управление процессами) можно использовать для определения того, насколько близко компания находится к наилучшим уровням производительности.

Однако "Шесть сигм" не следует рассматривать как технический инструмент. Компании, решившие применить этот метод, должны рассматривать его как возможность, позволяющую понять все, что необходимо сделать для достижения практически совершенства и постоянного повышения производительности.

Конечно, начав измерять сигму, компания может быстро разочароваться, особенно если заметит, что многие показатели находятся в интервале, удаленном от оптимума (на уровне с абсолютным значением 1 или 2 σ). Но не стоит думать, что этот метод является "политикой постоянной неудовлетворенности" в отношении полученных результатов. Фактически, он побуждает всех сотрудников постоянно уменьшать отклонения.

ПРОЕКТНЫЕ ИГРОКИ

Помимо описанных выше процедур, нельзя не отметить вклад других инструментов, используемых на различных этапах внедрения Six Sigma (мозговой штурм, диаграммы и т.д.) для постоянного улучшения и продолжения процесса. В частности, различные участники общества участвуют в обсуждениях и работают над разработкой метода восходящего потока.

Во-первых, **глава компании** должен так или иначе участвовать в принятии философии "Шесть сигм" и распространении ее по всей организации с самого начала. Команда, ответственная за внедрение процесса совершенствования, не сможет добиться успеха без его полной поддержки. Люди, работающие над проектами "Шесть сигм", обычно относятся к наиболее компетентным подразделениям организации. Иерархия строится следующим образом:

- **Чемпионы** являются гарантами проекта. Они помогают Черным поясам выбрать проекты по улучшению для работы, оценить их потенциал и оценить продукцию компании по сравнению с продукцией конкурентов. Роль чемпионов заключается в обеспечении контроля, поддержки и финансирования проектов "Шесть сигм", а также в управлении персоналом, необходимым для их реализации. Они являются опорой проекта, поэтому их выбирают из лучших людей.

- **Черные пояса** – это лидеры проекта и единственные люди, которые работают над ним полный рабочий день. Нередко они проходят предварительное обучение, чтобы лучше определить свою задачу и непосредственно применить пять фаз методологии DMAIC, ведущей к "Шести сигмам".

- **Зеленые пояса** помогают Черным поясам в завершении проекта. Они также проходят обучение, чтобы команда могла говорить на одном языке и, следовательно, работать над достижением общей цели.

Шесть сигм" – это первый метод управления, в котором верхняя часть пирамиды задействована в той же степени, что и нижняя. Это процесс, который привносит определенную динамику в бизнес.

ОГРАНИЧЕНИЯ И РАСШИРЕНИЯ

ОГРАНИЧЕНИЯ И КРИТИКА

Шесть сигм" часто рассматривается как революционный и мощный инструмент управления благодаря результатам, достигнутым многими компаниями, которые его внедрили. Однако, как и все методы, он имеет некоторые ограничения, как методологические, так и терминологические. Кроме того, как и в случае со многими другими экономическими аспектами, существует разница между теоретическими и практическими аспектами. Американский экономист Джордж Экес, специалист по "Шести сигмам", подчеркивает неудачи, часто наблюдаемые при применении метода, и предлагает некоторые рекомендации:

- **Учтите, что повышение качества не является результатом только улучшения статистики.** Строгость и дисциплина могут быть важными активами, но они не охватывают все средства, необходимые для правильного управления и улучшения процесса. Шесть сигм" объединяет ряд взаимодополняющих областей и ни в коем случае не пренебрегает человеческим аспектом, который является как действующим лицом (сотрудники компании), так и целью (клиенты, которых нужно удовлетворить). Этот аспект часто упускается из виду при применении в бизнесе.

- **Поймите, что снижение затрат – это только один из этапов процесса совершенствования.** Шесть сигм" не сводится к программированию снижения затрат в стратегических целях. Напротив, этот метод выступает за эффективность и результативность, переориентируя цели компании на ожидания клиентов, а не на бухгалтерский подход, который подсчитывает известные затраты и пренебрегает влиянием на клиента.

- **Обязательно включите усовершенствование в должностные инструкции.** Не всегда легко реформировать процесс в компании, чтобы применить "Шесть сигм". Сотрудники или работники часто считают, что у них нет времени на такую переоценку, и полагают, что они и так уделяют достаточно времени компании. Однако этот "избыток" времени, которое они тратят на работу в компании, часто связан с неэффективностью и нерациональностью. Это не обязательно происходит из-за нежелания работника, а скорее из-за самого процесса.

- **Помните, что динамика команды является одной из основных причин неудачи проекта.** Хотя кажется, что управлять динамикой команды легко, это один из основных источников неудач. Поэтому важно заложить прочный фундамент. Для этого менеджер проекта должен четко объяснить все тонкости и нюансы проекта. Контроль за проведением совещаний, определение повестки дня и соответствующих ролей и обязанностей – это отправные точки для того, чтобы проект не начался на зыбкой почве.

- **Учтите, что Черные пояса не несут полной ответственности за усилия.** Черные пояса призваны быть лидерами команды. Как объяснялось выше, обычно это люди, обученные использованию инструментов и методов совершенствования — почти как операционные лидеры. Опасность заключается в том, что все (включая лидеров компании) отстраняются от ответственности за проект, поскольку воображают, что для запуска "Шести сигм" существуют отечественные эксперты. Однако правильное функционирование компании происходит благодаря командной работе, и в нее вовлечены все иерархические управленческие позиции.

- **Считайте, что "Шесть сигм" — это совершенствование непрерывности.** Один из принципов метода — работать непрерывно и постоянно обеспечивать качественный процесс, а не формировать команду, отвечающую за "Шесть сигм", как только в компании возникает проблема неэффективности или неэффективности.

- **Воспринимайте руководство как активного игрока.** Чтобы "Шесть сигм" работали, руководители компании должны испачкать руки и считать себя участниками работы компании. Высшее руководство осознает, что культурный феномен является важным элементом в управлении бизнесом. Одна из сильных сторон "Шести сигм" заключается в том, что она поощряет активную позицию на всех иерархических уровнях.

- **Будьте в курсе изменений в управлении бизнесом.** Если изменения на стратегических уровнях не будут хорошо управляться компанией, потенциальные результаты останутся низкими.

СВЯЗАННЫЕ МОДЕЛИ И РАСШИРЕНИЯ

Lean Six Sigma (LSS)

Lean Six Sigma (LSS) – это расширение Six Sigma, которое приобретает все большее значение. Он в большей степени ориентирован на производственный процесс, в то время как "Шесть сигм" фокусируется в основном на самом продукте. Эта родственная модель позволяет сократить рабочее время и периоды ожидания, необходимые для создания более эффективного процесса.

Стратегическими целями этой модели являются:

- повышение добавленной стоимости задач процесса;

- сокращение времени и стоимости процесса путем устранения действий, не приносящих добавленной стоимости;

- делая процессы более подвижными;

- улучшение качества продукции в соответствии с пожеланиями клиентов;

- поощрение развития культуры постоянного совершенствования в компании.

Основными направлениями деятельности являются:

- определение ценности и выявление шагов, которые ее создают;

- выявление и устранение отходов и скрытых затрат;

- контроль источников вариаций путем соблюдения этапов процесса.

Всеобщее управление качеством (TQM)

Всеобщее управление качеством – это более старый подход к управлению качеством, чем "Шесть сигм". Их общая цель – мобилизовать всю компанию на достижение идеального качества при одновременном сокращении отходов и улучшении конечного продукта за счет производительности. TQM фокусируется на потребителе – удовлетворении и лояльности – хотя практика контроля качества и самоконтроля здесь крайне важна.

Методология модели заключается в следующем:

* **План.** Разработка стратегических целей и планов по улучшению расписания.

* **Do.** Внедрение и применение усовершенствованных производственных процессов.

* **Проверка.** Анализ удовлетворенности и контроль качества продукта.

* **Действие.** Корректировка затрат и отходов и контроль этапов производства.

По мнению американского специалиста по управлению проектами Фрэнка Анбари, Six Sigma является более полной и всеобъемлющей, чем TQM, поскольку обеспечивает финансовые результаты и сочетает в себе передовые инструменты анализа и методы управления. Он также обобщает взаимосвязь между этими двумя методологиями: Шесть сигм = TQM + ориентация на клиента + дополнительные инструменты анализа данных + финансовые результаты + управление проектами.

ПРАКТИЧЕСКОЕ ПРИМЕНЕНИЕ

СОВЕТЫ И РЕКОМЕНДАЦИИ

Теперь мы применим методологию DMAIC, изложенную выше, чтобы практически представить ее вклад в работу компании. Для того чтобы компания начала стратегическую трансформацию, такую как "Шесть сигм", она должна эффективно интегрировать следующие пять шагов в качестве руководства.

- **Определите цель, которую необходимо достичь для улучшения.** Этот шаг позволяет направлять команду так, чтобы все члены шли в одном направлении. Он также способствует анализу связей между различными этапами процесса и, следовательно, работе по улучшению продукта, выявлению потребностей клиентов и оценке ожидаемых результатов. Важно объективно определить проект, количественно оценив его с помощью базы данных. Этап сбора данных является важнейшим шагом, поскольку он служит рабочей основой для всего проекта.

- **Измерьте текущий средний уровень производства.** Очень важно измерить, что способен произвести процесс, и оценить количество дефектов. Таким образом, Черные пояса знают частоту дефектов и проводят сравнение с конкурентами. Важно сосредоточиться на ключевых элементах процесса, то есть на тех, которые оказывают наибольшее влияние на качество. Этот шаг позволяет измерить сигму, стандартное отклонение процесса, что полезно для того, чтобы увидеть разницу между текущим средним показателем и целью, идеальным средним показателем, которого необходимо достичь.

- **Проанализируйте далее, чтобы определить, что является причиной разрыва.** Полученные цифры анализируются для того, чтобы оценить производительность процессов по отношению к своим возможностям и тому, что делают конкуренты. Цель этого шага – рассчитать разрыв в производительности (т.е. разницу между тем, что делается сегодня, и тем, что может быть сделано в будущем). Поэтому мы должны проанализировать полученные измерения, найти первопричины, подтвердить их и т.д.

- **Внедряйте инновации, чтобы заполнить стандартное отклонение и сдвинуть среднее значение.** На этом этапе необходимо предложить потенциальные решения, чтобы устранить лазейки в процессе и в большей степени соответствовать ожиданиям клиентов.

- **Контроль новой работы с точки зрения качества.** На этом последнем этапе необходимо провести заключительные проверки для поддержания достигнутого уровня качества и обеспечения эффективного и непрерывного процесса разработки. Для этого Черные пояса осуществляют определенные действия по поддержанию вновь установленных ключевых элементов в рабочем процессе. Они также должны проверять, что команды четко следуют процессу, измерять результаты и подтверждать действие плана. Если возникает новая проблема, Черные пояса и их команды должны быть в состоянии немедленно вернуться и переработать процесс.

Подводя итог всем этим шагам, можно сказать, что вы должны определить проект, измерить текущую производительность, выявить проблемы с помощью анализа, внедрить инновации с помощью соответствующих решений и контролировать измененный процесс, чтобы убедиться, что проблема действительно решена.

 Хорошо знать

По мнению американского экономиста Джорджа Экеса, чтобы правильно осуществить стратегическую трансформацию качества и эффективно управлять этим процессом, полезно рассмотреть восемь практических шагов:

совместно определить соглашение о стратегических целях;

создать общие процессы, ключевые подпроцессы и процессы реализации;

назначить Черные пояса процессов;

разработать стратегию, в которой различные команды определяют этапы и цели всего процесса;

собрать необходимые данные для выбранной системы показателей;

определить критерии отбора проектов;

отбирать проекты, используя эти критерии;

постоянно управлять процессом для достижения стратегических целей компании.

ТЕМАТИЧЕСКОЕ ИССЛЕДОВАНИЕ

Проект компании X предполагает совершенствование инструмента поддержки принятия решений (базы данных) для продавцов, чтобы они могли составлять прогнозные оценки продаж.

Определение проекта и участники проекта

Этот проект реализуется потому, что многие продавцы недовольны этой базой данных, которая считается ненадежной из-за отсутствия обновлений. Этот инструмент не позволяет им правильно прогнозировать продажи. Для определения проекта, а также основных участников проводятся многочисленные интервью и исследования:

- Приоритет отдается определению проблемы и процессов, необходимых для улучшения инструмента поддержки принятия решений. В нашем случае речь идет о поиске надежного способа прогнозирования будущих финансовых ставок.

- Инструмент под названием "анализ заинтересованных сторон" (взятый из учебного модуля ЕС по техническому сотрудничеству и адвокации) позволяет создать шаблон, расположив в нем различных игроков и/или отделы: финансовый отдел, отдел продаж и отдел информационных технологий. Шаблон, представленный в виде сетки, организует заинтересованные стороны в соответствии с их интересами и властью (от низкой до высокой) и определяет их отношение, влияние и важность с точки зрения цели.

Более того, для успешной реализации проекта компания должна убедить некоторые отделы, включая ИТ-отдел, которые не хотят и считают это ненужным шагом.

Измерение и анализ способности процесса

Прежде чем определить новый процесс, команда должна взять на себя ответственность за базу данных и составить список имеющейся информации и шагов, а затем изучить потенциальную добавленную стоимость идеального инструмента. Другими словами, необходимо провести анализ по продуктам, линейке продуктов, дате продажи и т.д., чтобы выявить пробелы и повысить качество данных.

Затем мы должны найти внутреннюю информацию (продажи, запасы, качество продукции и т.д.), которая составляет достаточно представительную часть процесса улучшения, чтобы добиться превосходства в качестве данных. Команда, работающая над проектом, извлекает 100 партий данных, чтобы проанализировать их и выяснить у отделов продаж, какие из них являются бесспорно надежными.

Для этого определяется выборка, соответствующая репрезентативной части всего населения страны, где расположен бизнес, чтобы наблюдать за реалиями на местах. Таким образом, в течение нескольких дней "черные пояса" работают с отделами продаж, вручную проверяя данные и сравнивая их со счетами-фактурами. Выводы делаются не сразу: среди счетов-фактур могут быть недостающие, дубликаты или некорректные.

Затем команда отвечает за определение текущей производительности и той, которая должна быть достигнута с помощью новых мер, внедряемых с помощью системы "Шесть сигм". В частности, она стремится к коррекции на 1,5 сигмы, переходя от 4,5 к 6 сигмам.

Мы видим, что переход от 4,5 к 6 сигмам вызывает значительное снижение уровня дефектов, в конечном итоге достигая уровня надежности 99,99% (т.е. знаменитый уровень дефектов 3,4 дефекта на миллион, выраженный в объеме ниже).

Изучив данные, эксперты выявляют основной дефект, влияющий на качество данных, а именно неправильное обращение продавцов с инструментом. Это происходит из-за ряда факторов:

- слишком много людей могут кодировать информацию, но ответственность не установлена;

- многие наблюдают отсутствие интереса и дезинформированные данные.

База данных, будучи относительно сложной, страдает от сменных изменений и неточного использования людьми, не обученными этому виду инструмента. Затем они измерили возможности или источники ошибок:

- некомпетентные люди, вводящие информацию;

- неправильные закодированные данные.

Рекомендации

Вот предлагаемые решения:

- установить сеансы доступа к базе данных и определить людей, которые могут ими воспользоваться;

- сделать некоторые поля обязательными для заполнения.

Для применения этих рекомендаций требуется переориентация команд: только команда продавцов имеет доступ к базе данных, в то время как команда ИТ отвечает за определение необходимых полей пользователями (продавцами). Затем ИТ-команда быстро внедряет необходимые инструменты, в то время как команда продавцов более сдержанна. Затем менеджер ИТ-команды предлагает схему стимулирования, эквивалентную тесту (в течение двух месяцев), который определит лучшего продавца (того, чье качество закодированной даты лучше) и вознаградит его премией.

Мониторинг нового процесса

После этого теста проводятся мероприятия по проверке надежности этого нового метода кодирования данных. Среди них много статистических инструментов (таких как среднее значение и стандартное отклонение). Эта последняя часть, которая является очень важной, часто упускается из виду из-за нехватки времени, что подрывает ряд изначально хорошо выполненных проектов.

РЕЗЮМЕ

- Шесть сигм" – это статистический подход для бизнеса. Он ставит клиентов во главу угла, чтобы привлечь их улучшенным качеством продукции.

- Есть три приоритета: клиенты, сотрудники и процессы.

- В течение тридцати лет такие компании, как Motorola, General Electric, Kodak и SFR, использовали "Шесть сигм" для улучшения и получения или сохранения конкурентного преимущества.

- Когда цель "Шесть сигм" достигнута, чего на практике не случается, наблюдается почти идеальный показатель надежности: 3,4 дефекта на один миллион возможностей дефектов (т.е. надежность 99,99%).

- Философия "Шесть сигм" поощряет постоянную переоценку, которая сохраняется в течение долгого времени (неустанное стремление к совершенству).

- Чтобы внедрение метода было успешным, в нем должна участвовать вся компания.

- Шесть сигм" могут потерпеть неудачу, если вы рассматриваете только технические аспекты (снижение затрат и т.д.).

- Если изменения не управляются в компании должным образом, возможные результаты остаются низкими.

- Lean Six Sigma – это расширение метода, который в большей степени фокусируется на производственном процессе.

- Если вы хотите обеспечить успех подхода, важно тщательно следовать этапам методологии DMAIC.

ДАЛЬНЕЙШЕЕ ЧТЕНИЕ

БИБЛИОГРАФИЯ

Ait Belkacem, E. H. (2005) *Puissance Six Sigma*. Париж: Dunod.

Атмака, Э. и Гинерес, С. С. (2013) Методология и применение Lean Six Sigma. *Качество и количество*. 47(4).

Бергер, А. (2002) Шесть сигм: один эшелон в плюс от производительности? *Dossier technique des pays de Savoie*.

Eckes, G. (2001) *Objectif Six Sigma. La révolution dans la qualité*. Париж: Pearson.

Квак, Й. Х. и Анбари, Ф. Т. (2006) Преимущества, препятствия и будущее подхода "Шесть сигм". *Technovation*. 6(5-6).

Ларсон, А. (2003) *Demystifying Six Sigma: Подход к непрерывному совершенствованию в масштабах компании*. Амакон: Американская ассоциация менеджмента.

Линдерман, К., Шредер, Р. Г., Захер, С. и Чу, А. С. (2003) Шесть сигм: теоретико-целевая перспектива. *Журнал управления операциями*. 21(2).

Панде, П. С., Нойман, Р. П., и Кавана, Р. Р. (2000) *Путь шести сигм. Как GE, MOTOROLA и другие ведущие компании оттачивают свою производительность*. New-York: McGraw-Hill Companies.

Трускотт, У. Т. (2003) *Шесть сигм: Непрерывное совершенствование для бизнеса*. Оксфорд: Баттерворт Хайнеманн.

Мы хотим услышать от вас!
Оставьте комментарий о вашей онлайн-библиотеке
и поделитесь своими любимыми книгами в социальных сетях!

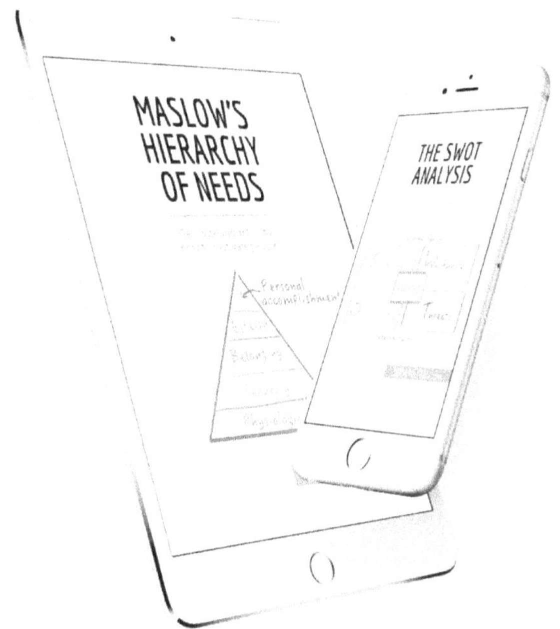

IMPROVE YOUR
GENERAL KNOWLEDGE
IN THE BLINK OF AN EYE!

Издательство гарантирует достоверность опубликованной информации, что, однако, не может повлечь за собой его ответственность.

Мастер ISBN: 9782808601566

Бумажный ISBN: 9782808603010

Легальный депозит: D/2022/12603/302

Цифровое оформление: Primento, цифровой партнер издателей.